Impressum
Verlag: BABADADA GmbH, Nedderfeld 112 , 22529 Hamburg
Geschäftsführer / Verlagsleitung: Harald Hof
Druck: Books on Demand GmbH, In de Tarpen 42, 22848 Norderstedt

Imprint
Publisher: BABADADA GmbH, Nedderfeld 112 , 22529 Hamburg, Germany
Managing Director / Publishing direction: Harald Hof
Print: Books on Demand GmbH, In de Tarpen 42, 22848 Norderstedt, Germany

dělit
割り算

186/2

tabule
黒板

třída
教室

školní hřiště
校庭

učitel
教師

papír
紙

psát
書く

pero
ペン

psací stůl
事務机

pravítko
定規

kniha
本

žák
生徒

aktovka

ランドセル

penál

筆入れ

tužka

鉛筆

ořezávátko

鉛筆削り

guma

消しゴム

blok na kreslení

スケッチブック

výkres
スケッチ

štětec
絵筆

malířské potřeby
絵の具箱

nůžky
はさみ

lepidlo
接着剤

cvičebnice
練習帳

domácí úkol
宿題

12

počet
数

2+2

sčítat
足し算

5-2

odčítat
引き算

2×2

násobit
かけ算

počítat
計算する

A

písmeno
文字

ABCDEFG
HIJKLMN
OPQRSTU
VWXYZ

abeceda
アルファベット

hello

slovo
単語

text

テキスト

číst

読む

křída

チョーク

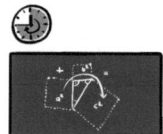

hodina

授業

třídní kniha

学級日誌

zkouška

試験

vysvědčení

通知表

školní uniforma

制服

vzdělání

教育

encyklopedie

百科事典

univerzita

大学

mikroskop

顕微鏡

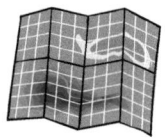

karta

地図

odpadkový koš na papír

ごみ箱

cesta
旅行

hotel
ホテル
Grand
ubytovna
ホステル
ROOMS
směnárna
両替所
EXCHANGE
kufr
スーツケ
ース
auto
自動車

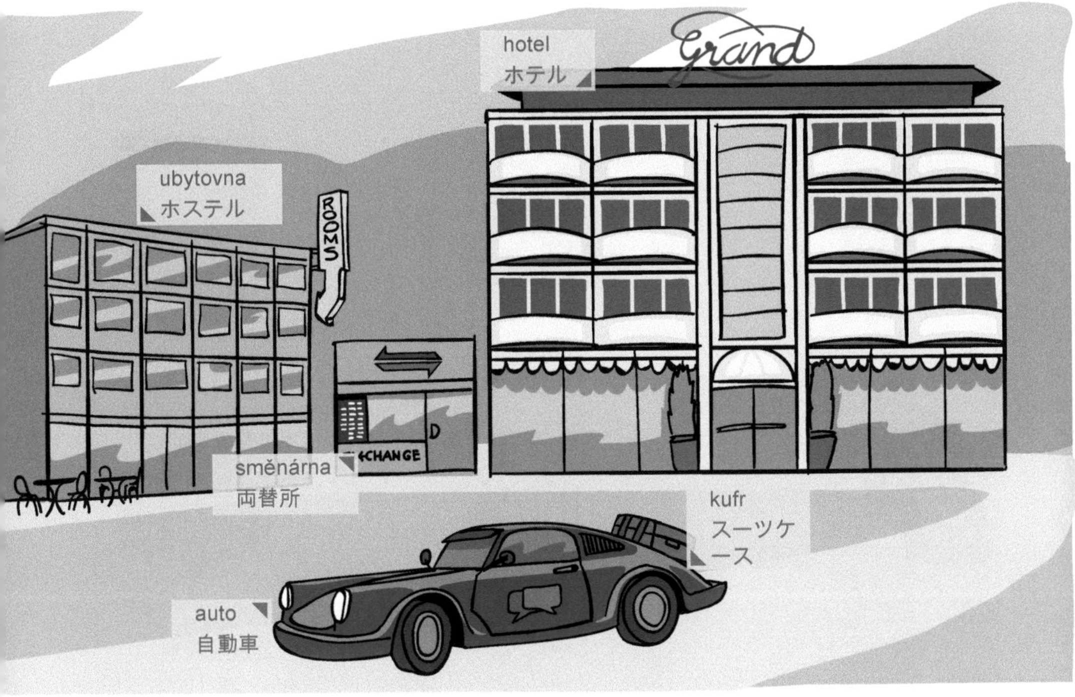

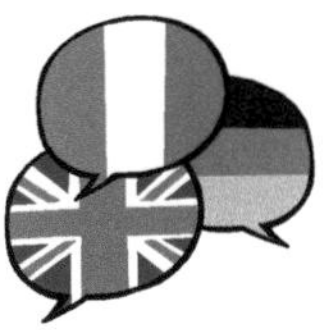

jazyk

言語

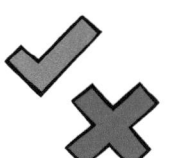

ano / ne

はい / いいえ

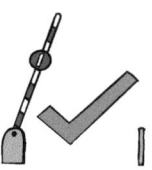

oukej

問題ない

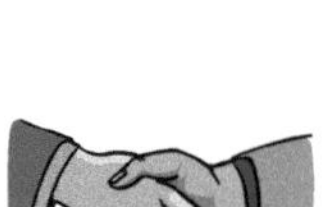

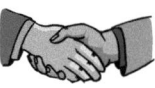

Ahoj!

ハロー

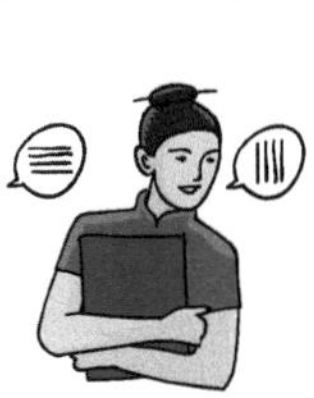

překladatel

翻訳者

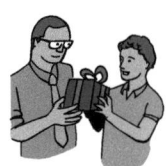

děkuji

ありがとう

Kolik stojí...?

...はいくらですか？

nerozumím

わかりません

problém

問題

Dobrý večer!

こんばんは！

Dobré ráno!

おはようございます！

Dobrou noc!

おやすみなさい！

na shledanou

さようなら

směr

方向

zavazadlo

手荷物

taška

バッグ

batoh

リュックサック

host

お客様

pokoj

部屋

spací pytel

寝袋

stan

テント

turistické informace

旅行者情報

pláž

ビーチ

kreditní karta

クレジットカード

snídaně

朝食

oběd

昼食

večeře

夕食

jízdenka

チケット

výtah

エレベーター

poštovní známka

スタンプ

hranice

境界

clo

税関

poselství

大使館

vízum

ビザ

pas

パスポート

transport
輸送

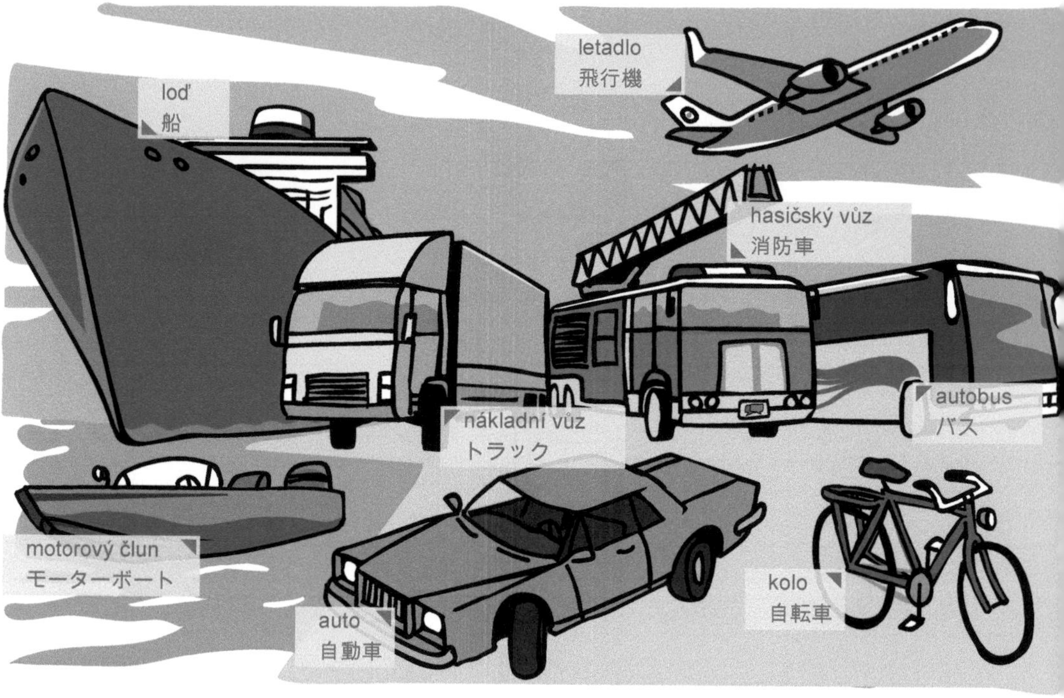
letadlo
飛行機
loď
船
hasičský vůz
消防車
autobus
バス
nákladní vůz
トラック
motorový člun
モーターボート
kolo
自転車
auto
自動車

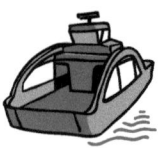

přívoz

フェリー

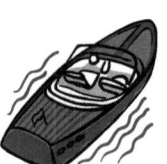

člun

ボート

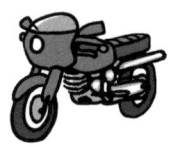

motorka

バイク

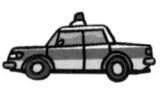

policejní auto

パトカー

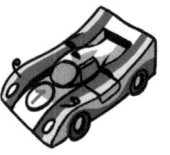

závodní auto

レーシングカー

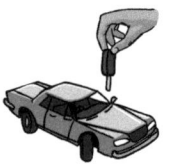

pronajaté auto

レンタカー

sdílení aut

カーシェアリング

odtahová služba

レッカー車

popelářský vůz

ごみ収集車

motor

モーター

palivo

燃料

čerpací stanice

ガソリンスタンド

dopravní značka

交通標識

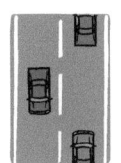

doprava

交通

dopravní zácpa

渋滞

parkoviště

駐車場

vlakové nádraží

駅

koleje

道

vlak

列車

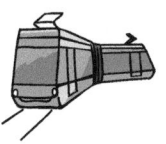

tramvaj

路面電車

vagón

車両

helikoptéra

ヘリコプター

letiště

空港

věž

タワー

pasažér

乗客

kontejner

コンテナ

kartón

段ボール箱

trakař

カート

koš

カゴ

vzlétnout / přistát

離陸 / 着陸

město

都市

vesnice

村

střed města

都心

dům

家

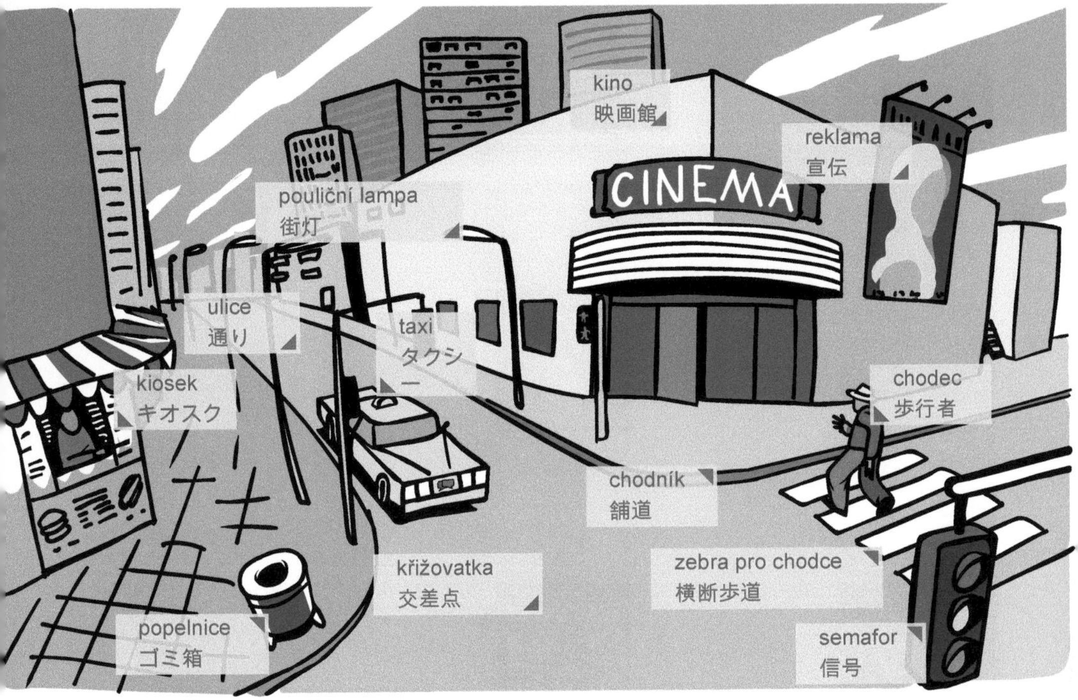
kino
映画館
reklama
宣伝
CINEMA
pouliční lampa
街灯
ulice
通り
taxi
タクシー
kiosek
キオスク
chodec
歩行者
chodník
舗道
zebra pro chodce
横断歩道
křižovatka
交差点
popelnice
ゴミ箱
semafor
信号

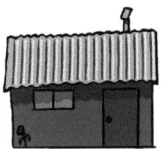

chata

小屋

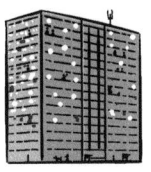

byt

アパート

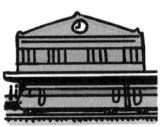

vlakové nádraží

駅

radnice

市役所

MUSEUM

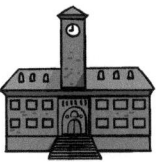

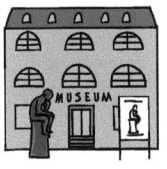

muzeum

美術館

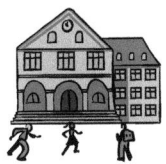

škola

学校

univerzita

大学

banka

銀行

nemocnice

病院

hotel

ホテル

lékárna

薬局

kancelář

オフィス

knihkupectví

書店

obchod

ショップ

květinářství

花屋

supermarket

スーパーマーケット

tržnice

市場

obchodní dům

デパート

rybárna

魚屋

nákupní centrum

ショッピングセンター

přístav

港

park

公園

lavička

ベンチ

most

橋

schody

階段

metro

地下鉄

tunel

トンネル

autobusová zastávka

バス停

bar

バー

restaurace

レストラン

poštovní schránka

ポスト

pouliční tabule

道路標識

parkovací hodiny

パーキングメーター

zoo

動物園

plovárna

スイミングプール

mešita

モスク

usedlost

農場

znečišťování životního
prostředí

汚染

hřbitov

墓地

církev

教会

hřiště

遊び場

chrám

寺

krajina

風景

list
葉

rozcestník
道標

cesta
道

louka
草地

kámen
石

strom
木

turista
ハイカー

řeka
川

tráva
草

květina
花

údolí

谷

hora

山

jezero

湖

les

森

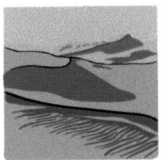

poušť

砂漠

sopka

火山

zámek

城

duha

虹

houba

キノコ

palma

ヤシの木

komár

蚊

moucha

ハエ

mravenec

蟻

včela

ミツバチ

pavouk

クモ

brouk

カブトムシ

žába

蛙

veverka

リス

ježek

ハリネズミ

zajíc

ウサギ

sova

フクロウ

pták

鳥

labuť

白鳥

divoké prase

雄豚

jelen

鹿

los

ヘラジカ

přehrada

ダム

větrné kolo

風力タービン

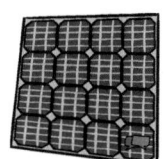

solární panel

ソーラーパネル

podnebí

気候

restaurace
レストラン

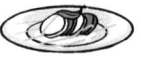

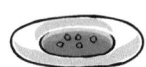

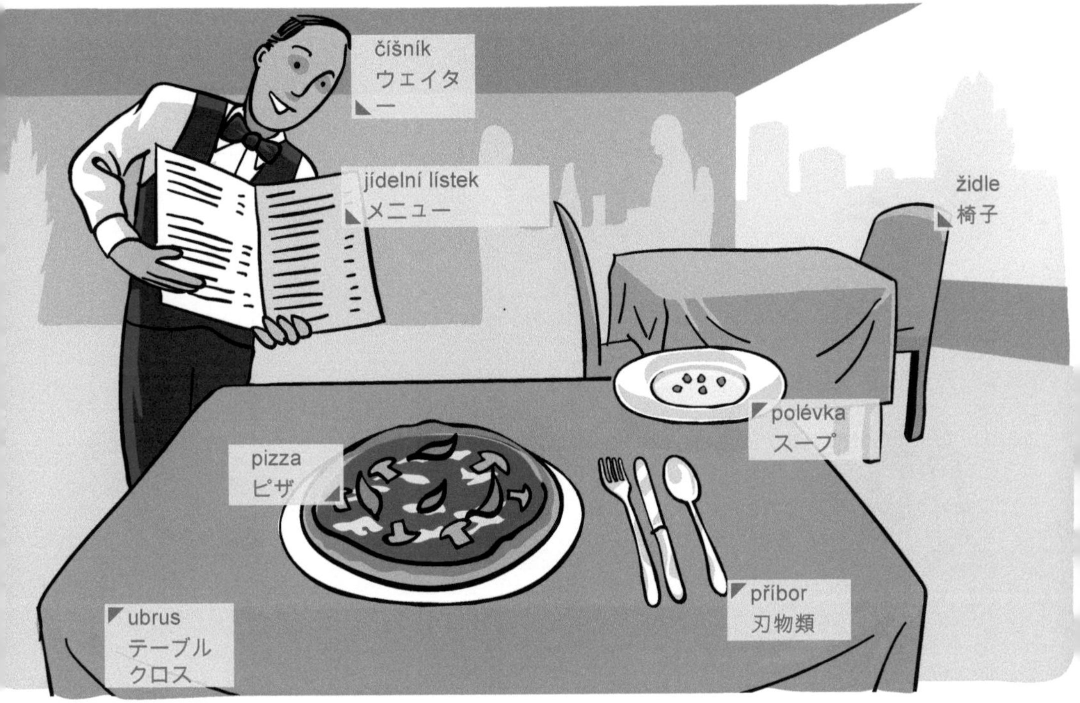

číšník
ウェイター
jídelní lístek
メニュー
židle
椅子
polévka
スープ
pizza
ピザ
příbor
刃物類
ubrus
テーブルクロス

předkrm

前菜

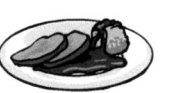

hlavní chod

メインコース

dezert

デザート

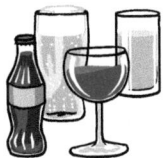

nápoje

飲み物

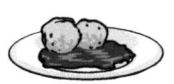

jídlo

食べ物

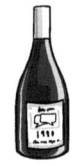

láhev

ボトル

rychlé občerstvení

ファストフード

pouliční občerstvení

屋台の食べ物

čajová konvice

ティーポット

cukřenka

砂糖入れ

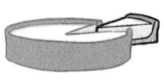

porce

一人前

kávovar na espresso

エスプレッソマシン

dětská stolička

幼児用食事椅子

faktura

請求書

tác

トレー

nůž

ナイフ

vidlička

フォーク

lžíce

スプーン

čajová lžička

ティースプーン

ubrousek

ナプキン

sklenička

グラス

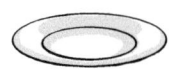

talíř

皿

talíř na polévku

スープ皿

podšálek

受け皿

omáčka

ソース

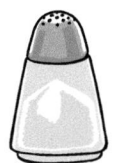

slánka

塩入れ

mlýnek na pepř

ペッパーミル

ocet

酢

olej

油

koření

スパイス

kečup

ケチャップ

hořčice

マスタード

majonéza

マヨネーズ

supermarket

スーパーマーケット

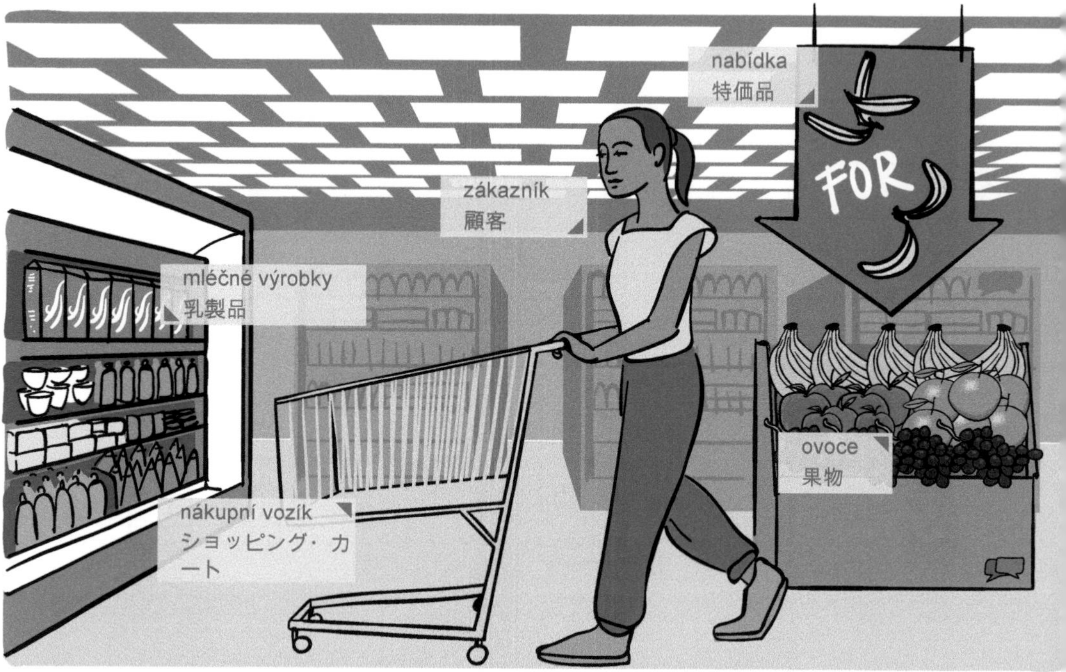

nabídka
特価品
FOR
zákazník
顧客
mléčné výrobky
乳製品
ovoce
果物
nákupní vozík
ショッピング・カート

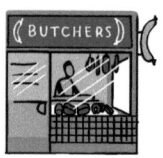

BUTCHERS

masna

肉屋

BAKERY

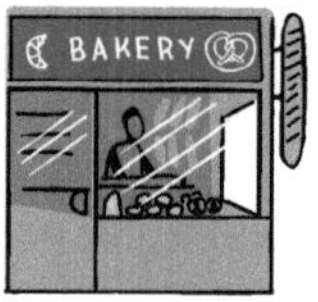

pekařství

パン屋

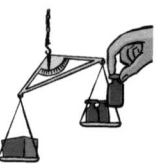

vážit

重さをはかる

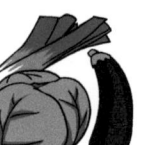

zelenina

野菜

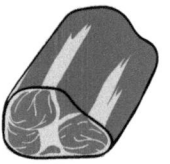

maso

肉

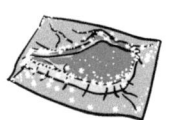

mražené potraviny

冷凍食品

obložený talíř

冷肉の薄切り

konzervy

缶詰食品

prací prášek

洗剤

cukrovinky

菓子

výrobky pro domácnost

家庭用品

čisticí prostředek

清掃用品

prodavačka

販売員

pokladna

現金箱

pokladní

レジ係

nákupní seznam

買い物リスト

otevírací doba

開館時刻

peněženka

財布

kreditní karta

クレジットカード

taška

バッグ

igelitová taška

ポリ袋

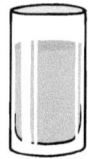

voda

水

džus

ジュース

mléko

牛乳

kola

コーラ

víno

ワイン

pivo

ビール

alkohol

アルコール

kakao

ココア

čaj

紅茶

káva

コーヒー

espresso

エスプレッソ

kapučíno

カプチーノ

banán

バナナ

jablko

リンゴ

pomeranč

オレンジ

meloun

メロン

citrón

レモン

mrkev

ニンジン

česnek

ニンニク

bambus

竹

cibule

玉ねぎ

houba

キノコ

ořechy

ナッツ

těstoviny

ヌードル

špageti

スパゲッティ

rýže

米

salát

サラダ

hranolky

フライドポテト

americké brambory

フライドポテト

pizza

ピザ

hamburger

ハンバーガー

sendvič

サンドウィッチ

řízek

カツレツ

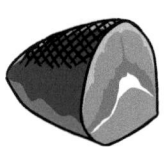

šunka

ハム

salám

サラミ

salám

ソーセージ

kuře

鶏肉

pečeně

焼き

ryby

魚

ovesné vločky

麦のお粥

müsli

ムーズリ

vločky

コーンフレーク

mouka

小麦粉

croissant

クロワッサン

houska

ロールパン

chléb

パン

toast

トースト

sušenky

ビスケット

máslo

バター

tvaroh

カッテージチーズ

buchta

ケーキ

vejce

卵

volské oko

目玉焼き

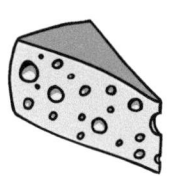

sýr

チーズ

zmrzlina

アイスクリーム

cukr

砂糖

med

はちみつ

marmeláda

ジャム

nugátový krém

ヌガークリーム

kari

カレー

usedlost
農場

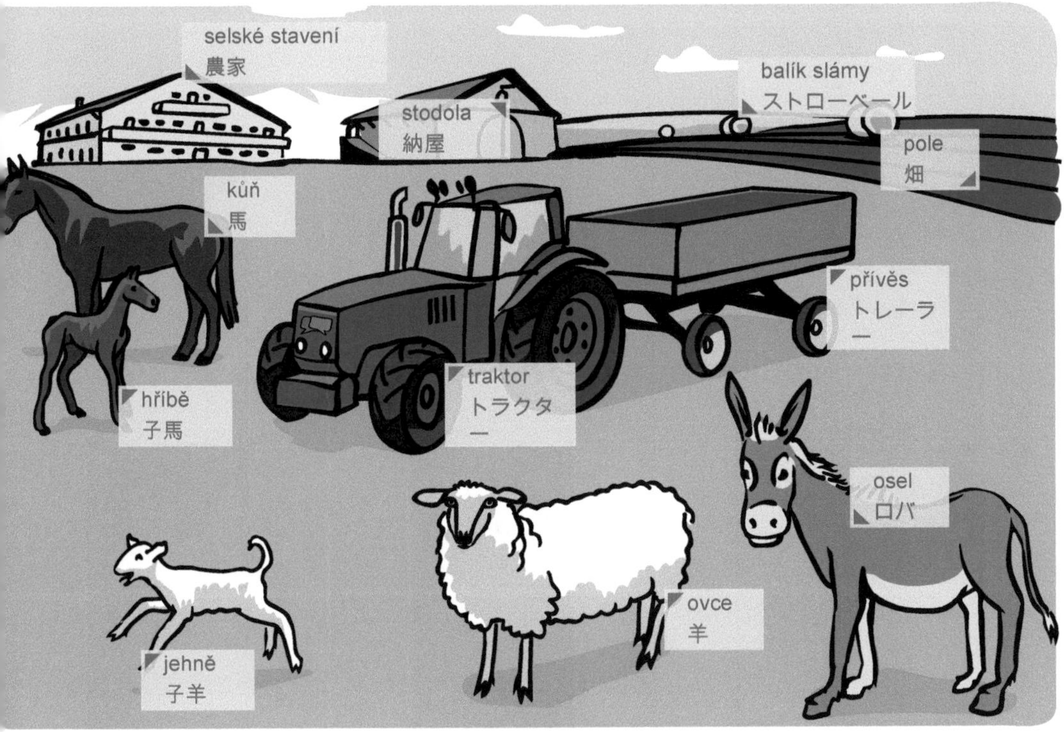
selské stavení
農家
stodola
納屋
balík slámy
ストローベール
pole
畑
kůň
馬
přívěs
トレーラー
traktor
トラクター
hříbě
子馬
osel
ロバ
ovce
羊
jehně
子羊

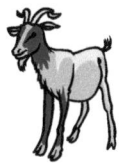

koza
ヤギ

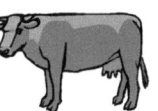

kráva
雌牛

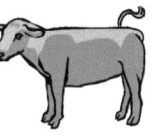

tele
子牛

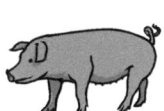

prase
豚

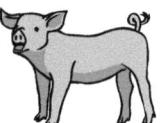

sele
子豚

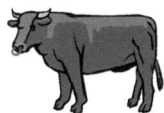

býk
雄牛

husa

ガチョウ

kachna

アヒル

kuře

ひよこ

slepice

にわとり

kohout

おんどり

krysa

ネズミ

kočka

猫

myš

ねずみ

vůl

雄牛

pes

犬

psí bouda

犬小屋

zahradní hadice

散水ホース

kropicí konev

じょうろ

kosa

大鎌

pluh

すき

srp

草刈り鎌

motyka

くわ

vidle

堆肥用フォーク

sekera

斧

kolecko

手押し車

koryto

かいばおけ

konev na mléko

牛乳缶

pytel

袋

plot

フェンス

stáj

畜舎

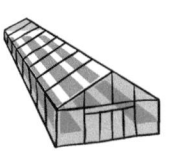

skleník

温室

půda

土壌

osivo

種

hnojivo

肥料

kombajn

コンバイン

sklidit

収穫する

sklizeň

収穫

smldinec

ヤマイモ

pšenice

小麦

sója

大豆

brambora

じゃがいも

kukuřice

トウモロコシ

řepka

菜種

ovocný strom

果樹

maniok

キャッサバ

obilí

穀物

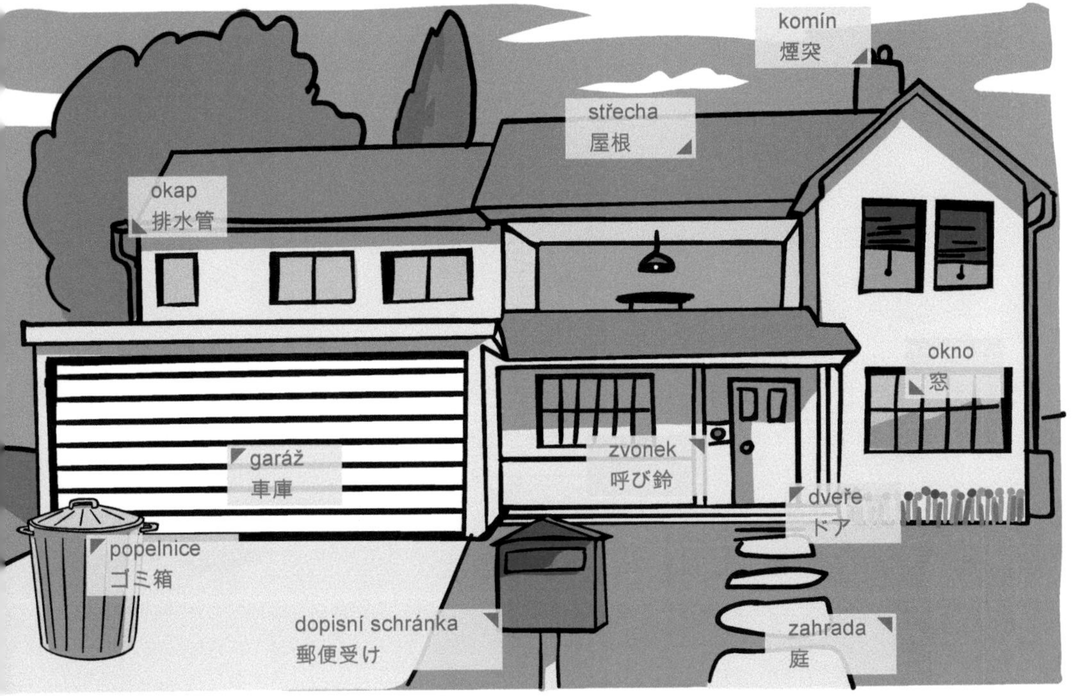

komín
煙突

střecha
屋根

okap
排水管

okno
窓

garáž
車庫

zvonek
呼び鈴

dveře
ドア

popelnice
ゴミ箱

dopisní schránka
郵便受け

zahrada
庭

obývací pokoj

リビングルーム

koupelna

浴室

kuchyně

台所

ložnice

寝室

dětský pokoj

子供部屋

jídelna

ダイニング・ルーム

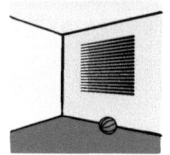

podlaha

床

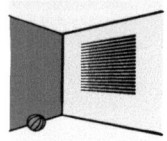

zeď

壁

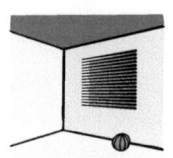

deka

天井

sklep

地下貯蔵庫

sauna

サウナ

balkón

バルコニー

terasa

テラス

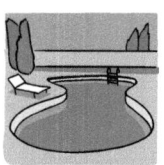

bazén

プール

sekačka na trávu

芝刈り機

ložní prádlo

シーツ

lůžková přikrývka

ベッドカバー

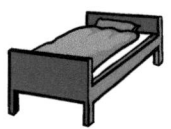

postel

ベッド

smeták

ほうき

kýbl

バケツ

vypínač

スイッチ

obývací pokoj
リビングルーム

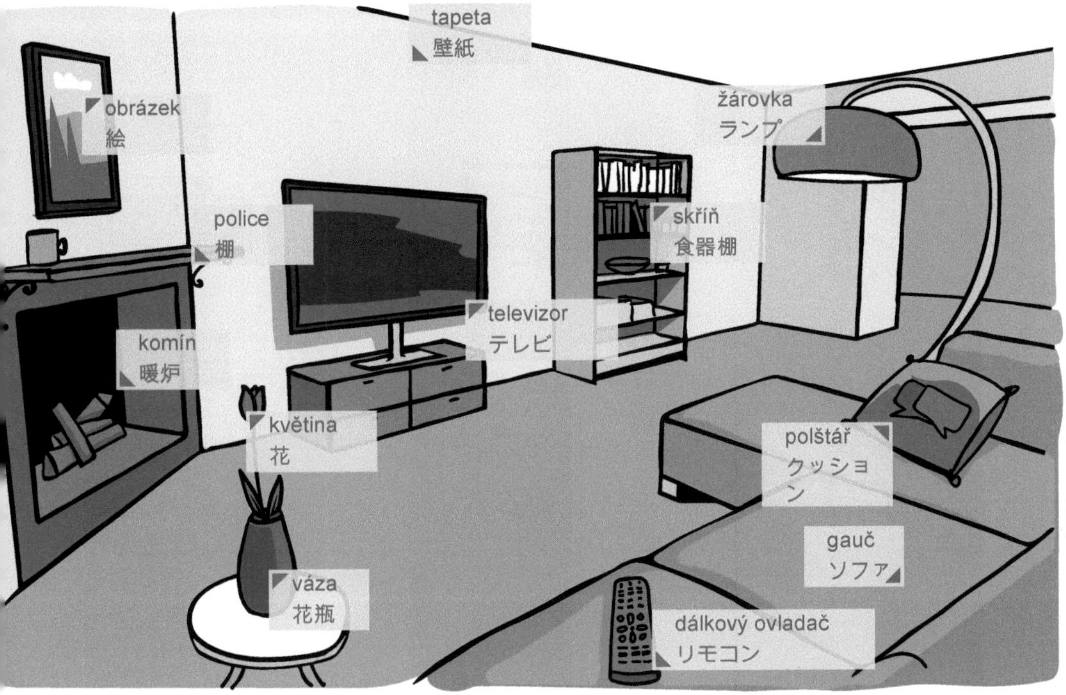

tapeta
壁紙
obrázek
絵
žárovka
ランプ
police
棚
skříň
食器棚
televizor
テレビ
komín
暖炉
květina
花
polštář
クッション
gauč
ソファ
váza
花瓶
dálkový ovladač
リモコン

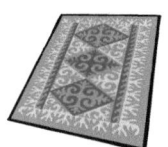

koberec

カーペット

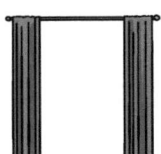

závěs

カーテン

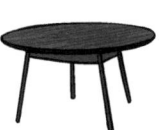

stůl

テーブル

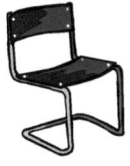

židle

椅子

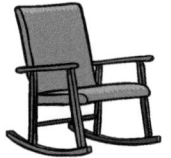

houpací křeslo

ロッキングチェア

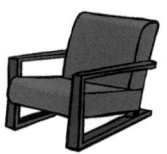

křeslo

ひじ掛け椅子

kniha
本

strop
毛布

ozdoba
飾り

palivové dříví
たきぎ

film
映画

stereo souprava
ステレオ

klíč
鍵

noviny
新聞

malba
絵画

plakát
ポスター

rádio
ラジオ

poznámkový blok
メモ帳

vysavač
掃除機

kaktus
サボテン

svíce
ろうそく

kuchyně
台所

chladnička
冷蔵庫
mikrovlnná trouba
電子レンジ
kuchyňská váha
調理用はかり
toustovač
トースター
čisticí prostředek
洗剤
trouba
オーブン
mraznička
冷凍室
popelnice
ゴミ箱
myčka nádobí
食器洗い機

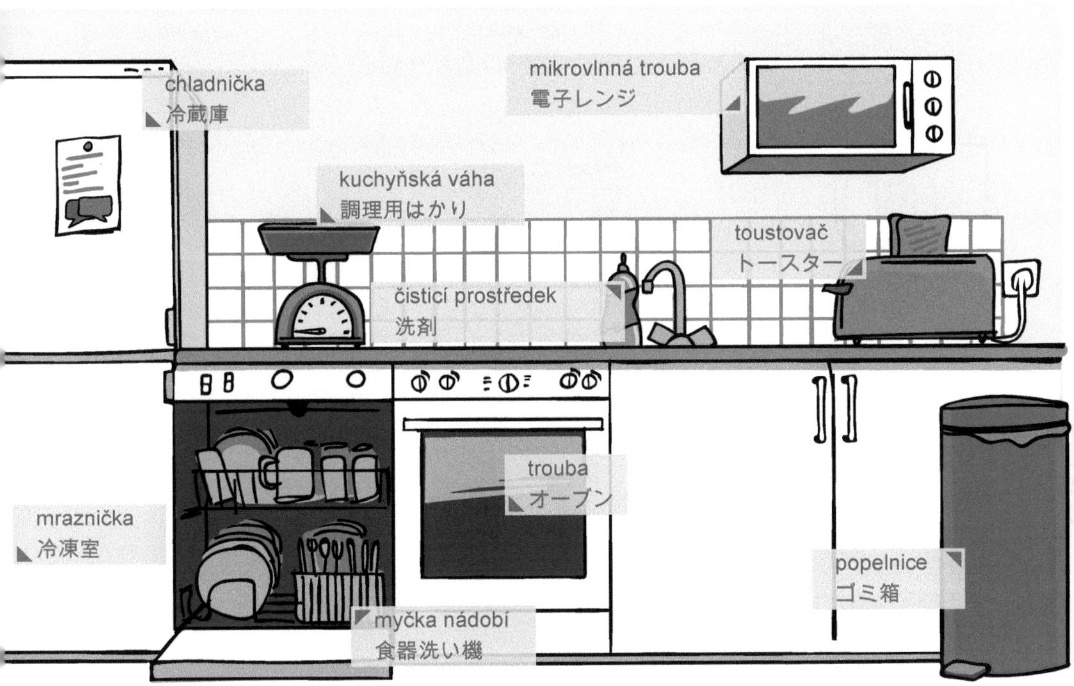

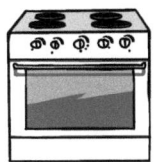

sporák
こんろ

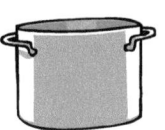

hrnec
鍋

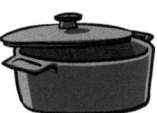

litinový hrnec
鉄鍋

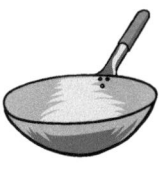

wok / kadai
中華鍋/ カダイ鍋

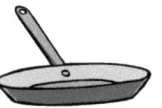

pánev
フライパン

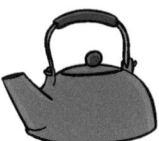

varná konvice
やかん

parní hrnec

蒸し器

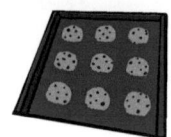

plech na pečení

天板

nádobí

食器

hrnek

マグカップ

miska

ボウル

jídelní hůlky

箸

naběračka

おたま

obracečka

へら

metla

泡立て器

síto

こし器

cedník

ふるい

struhadlo

すりおろし器

hmoždíř

すり鉢

gril

バーベキュー

ohniště

かまど

prkénko na krájení

まな板

váleček na těsto

麺棒

vývrtka

栓抜き

dóza

缶

otvírák na konzervy

缶切り

chňapka

鍋つかみ

umyvadlo

流し

kartáč na nádobí

ブラシ

houba

スポンジ

mixér

ミキサー

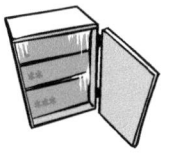

mrazák

冷凍庫

dětská lahev

哺乳瓶

kohoutek

蛇口

koupelna
浴室

topení
ヒーター
ručník
タオル
sprcha
シャワー
sprchový závěs
シャワーカーテン
pěnová koupel
泡風呂
vana
浴槽
pračka
洗濯機
sklenička
グラス
kohoutek
蛇口
obkladačky
タイル
nočník
おまる
umyvadlo
流し

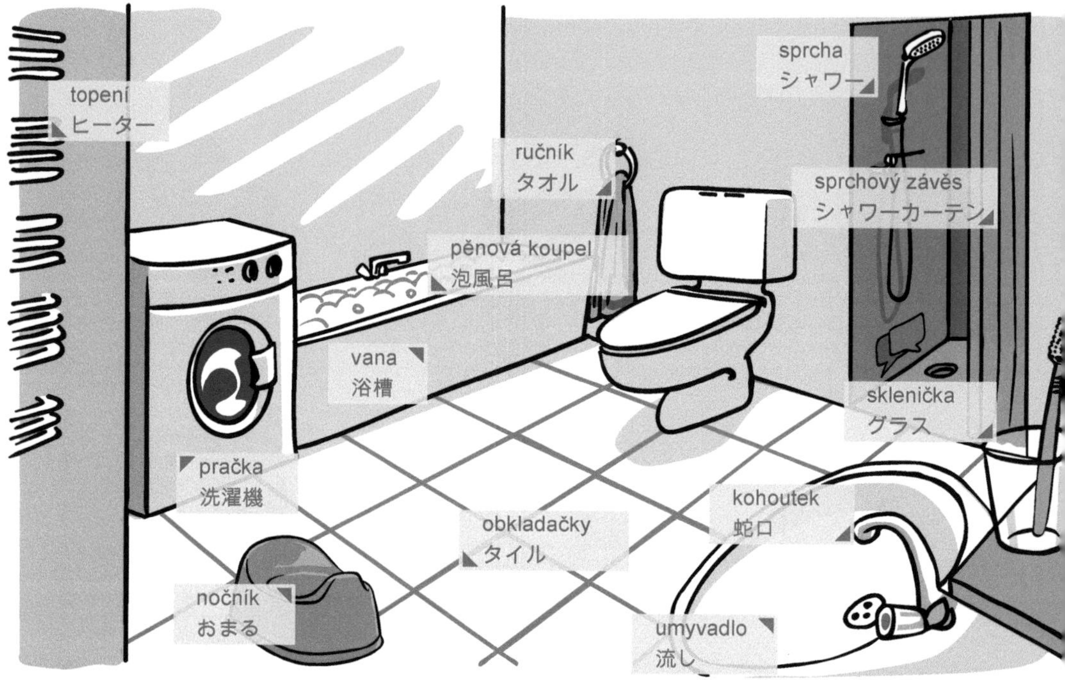

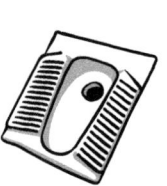

záchod
トイレ

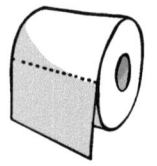

turecký záchod
和式トイレ

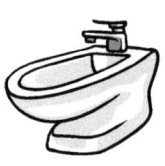

bidet
ビデ

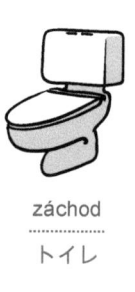

pisoár
小便器

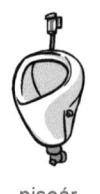

toaletní papír
トイレットペーパー

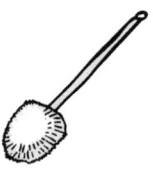

záchodová štětka
トイレブラシ

zubní kartáček

歯ブラシ

zubní pasta

歯みがき

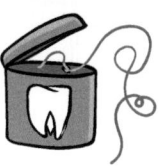

zubní niť

デンタルフロス

mýt

洗う

ruční sprcha

シャワーヘッド

intimní sprcha

ハンドビデ

umyvadlo

洗面台

kartáč na záda

ボディブラシ

mýdlo

石鹸

sprchový gel

シャワー用ジェル

šampón

シャンプー

žínka

浴用タオル

odpad

排水口

krém

クリーム

deodorant

消臭

koupelna - 浴室

zrcadlo

鏡

kosmetické zrcátko

手鏡

holicí strojek

かみそり

pěna na holení

シェービング・フォーム

voda po holení

アフターシェーブローション

hřeben

櫛

kartáč

ブラシ

fén

ドライヤー

lak na vlasy

ヘアスプレー

makeup

化粧

rtěnka

口紅

lak na nehty

マニキュア

vata

脱脂綿

nůžky na nehty

爪切り

parfém

香水

aška s toaletními potřebami

洗面用具入れ

stolička

スツール

váha

体重計

župan

バスローブ

gumové rukavice

ゴム手袋

tampón

タンポン

dámská vložka

生理用ナプキン

chemická toaleta

ケミカルトイレ

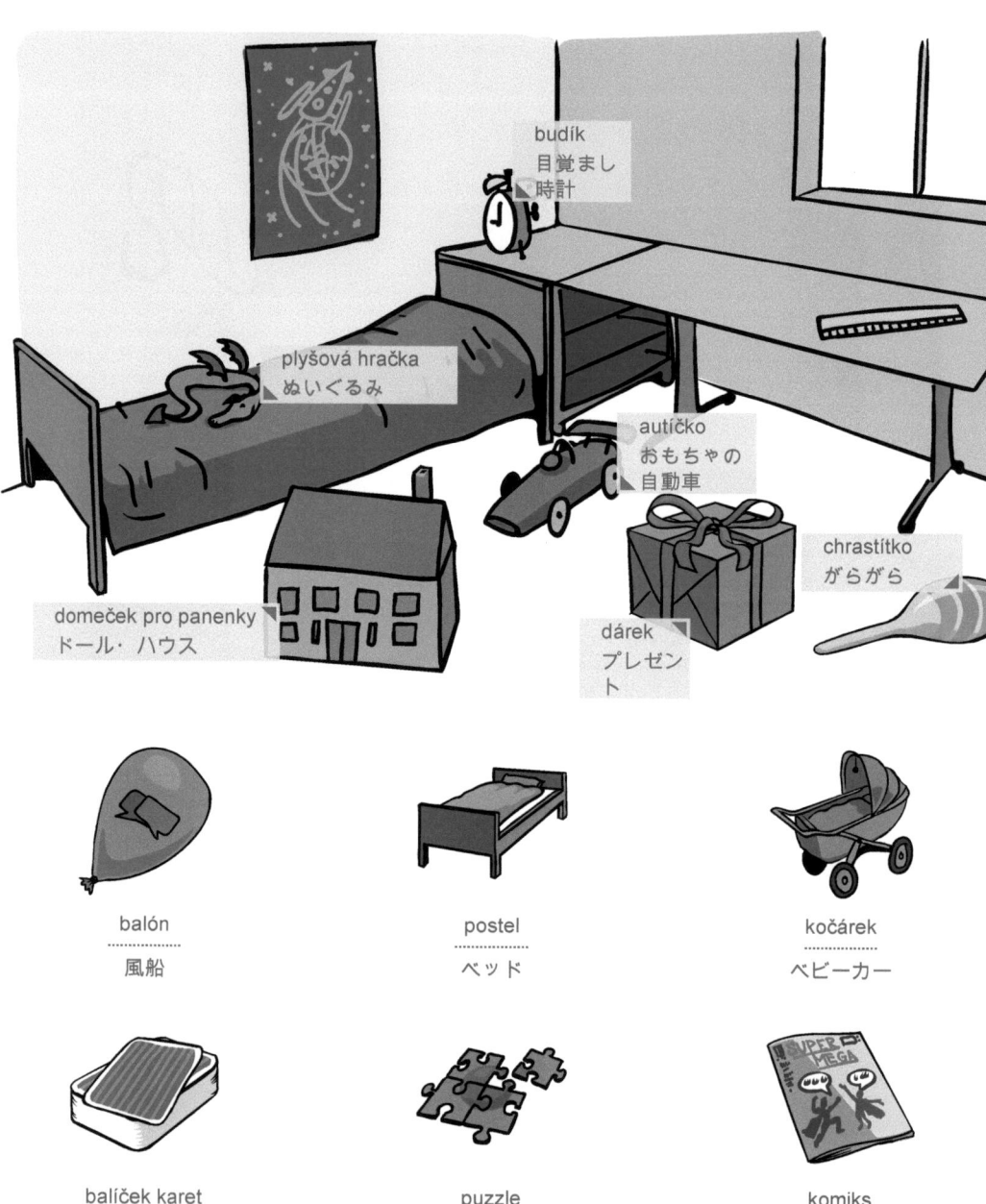

budík
目覚まし
時計

plyšová hračka
ぬいぐるみ

autíčko
おもちゃの
自動車

chrastítko
がらがら

domeček pro panenky
ドール・ハウス

dárek
プレゼン
ト

balón
風船

postel
ベッド

kočárek
ベビーカー

balíček karet
カードゲーム

puzzle
ジグソーパズル

komiks
漫画

lego kostky

レゴ

stavebnice

玩具ブロック

akční figurka

アクションフィギュア

dupačky

ロンパース

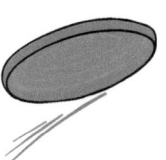

frisbee

フリスビー

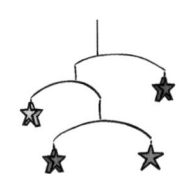

závěsné hračky nad postýlku

モバイル

desková hra

ボードゲーム

kostky

さいころ

modelová železnice

鉄道模型

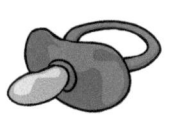

dudlík

おしゃぶり

oslava

パーティー

obrázková kniha

絵本

míč

ボール

panenka

人形

hrát si

遊ぶ

pískoviště

砂場

houpačka

ブランコ

hračky

おもちゃ

hrací konzole

ゲーム機

tříkolka

三輪車

medvídek

テディベア

šatník

衣装ダンス

oblečení

衣服

ponožky

靴下

punčochy

ストッキング

punčochové kalhoty

タイツ

šála
スカーフ

deštník
雨傘

tričko
Tシャツ

pásek
ベルト

kozačky
ブーツ

domácí obuv
スリッパ

tenisky
スニーカー

sandály
サンダル

obuv
靴

holínky
ゴム長靴

spodní prádlo
パンツ

podprsenka
ブラ

nátělník
ベスト

oblečení - 衣服

45

body

ボディースーツ

kalhoty

ズボン

džíny

ジーンズ

sukně

スカート

blůza

ブラウス

košile

シャツ

svetr

セーター

mikina

パーカー

blejzr

ブレザー

bunda

ジャケット

kabát

コート

pláštěnka

レインコート

kostým

服装

šaty

ドレス

svatební šaty

ウェディングドレス

oblek
スーツ

noční košile
ナイトガウン

pyžamo
パジャマ

sárí
サリー

šátek na hlavu
ヘッドスカーフ

turban
ターバン

burka
ブルカ

kaftan
カフタン

abája
アバヤ

plavky
水着

pánské plavky
トランクス

kraťasy
半ズボン

tepláková`so.` souprava
スウェットスーツ

zástěra
エプロン

rukavice
手袋

knoflík

ボタン

brýle

メガネ

náramek

ブレスレット

náhrdelník

ネックレス

prsten

指輪

náušnice

イヤリング

čepice

帽子

ramínko

ハンガー

klobouk

帽子

kravata

ネクタイ

zip

ファスナー

helma

ヘルメット

kšandy

サスペンダー

školní uniforma

制服

uniforma

ユニフォーム

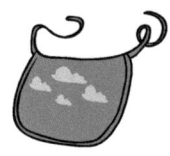

bryndák

よだれかけ

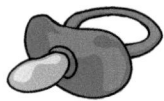

dudlík

おしゃぶり

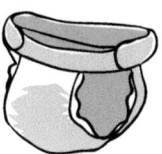

plena

おむつ

kancelář
オフィス

server
サーバ
kartotéka
書類キャビネット
tiskárna
プリンター
papír
紙
monitor
モニター
myš
マウス
psací stůl
事務机
šanon
フォルダー
klávesnice
キーボード
židle
椅子
odpadkový koš na papír
ごみ箱
počítač
コンピューター

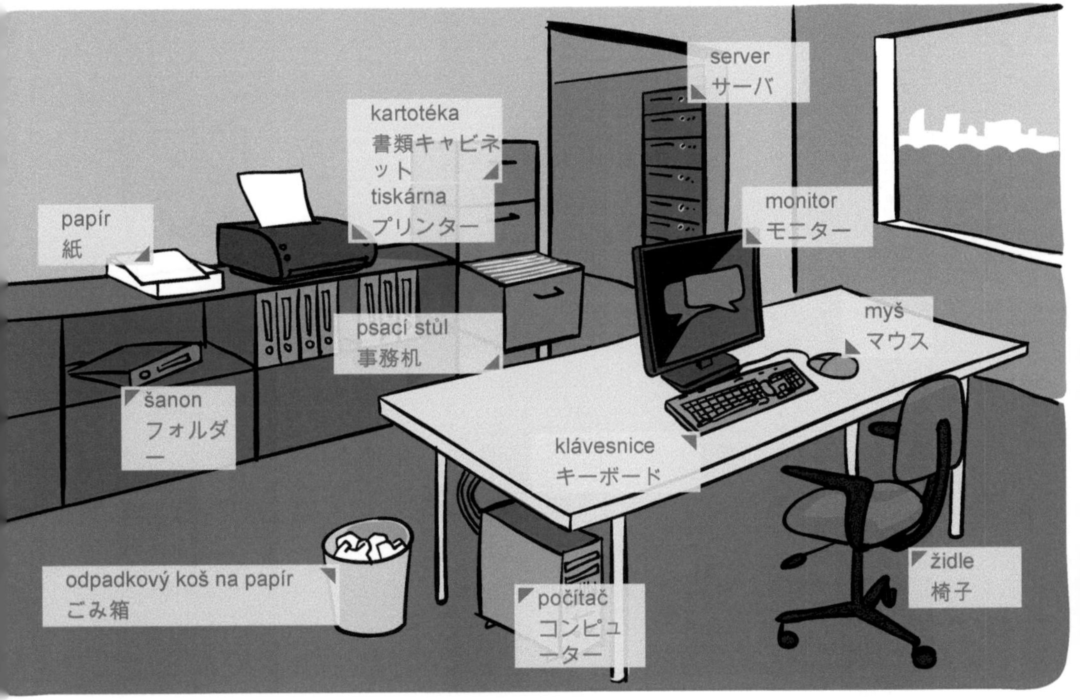

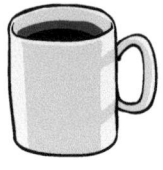

hrnek na kávu

コーヒーマグ

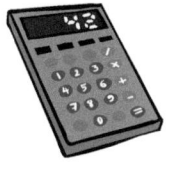

kalkulačka

計算機

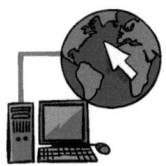

internet

インターネット

notebook

ラップトップ

dopis

手紙

zpráva

メッセージ

mobil

携帯電話

síť

ネットワーク

kopírka

コピー機

software

ソフトウェア

telefon

電話

zásuvka

コンセント

fax

ファックス

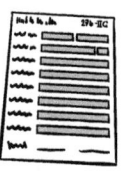

formulář

フォーム

dokument

書類

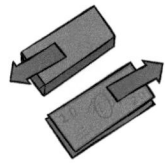

nakupovat

買う

zaplatit

支払う

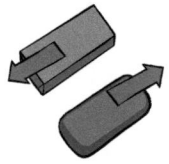

jednat

取引する

peníze

お金

dolar

ドル

euro

ユーロ

jen

円

rubl

ルーブル

frank

スイスフラン

juan

人民元

rupie

ルピー

bankomat

キャッシュポイント

směnárna

両替所

zlato

金

stříbro

銀

olej

油

energie

エネルギー

cena

価格

smlouva

契約

daň

税金

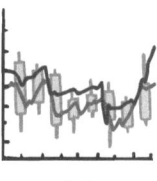

akcie

株

pracovat

働く

zaměstnanec

従業員

zaměstnavatel

雇用主

továrna

工場

obchod

ショップ

povolání
職業

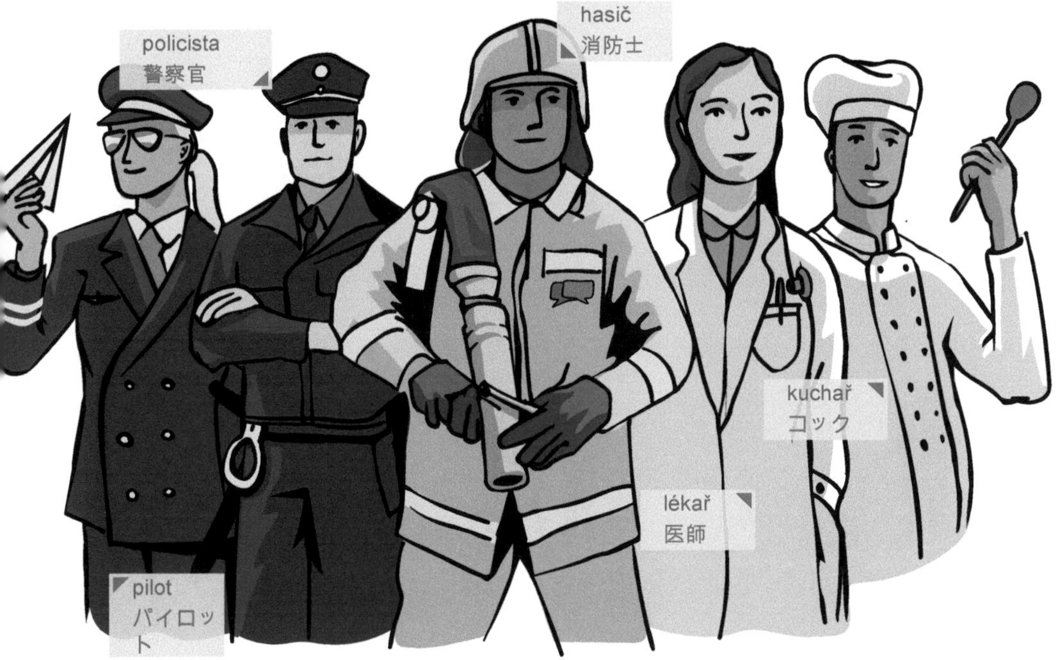

policista
警察官
hasič
消防士
kuchař
コック
lékař
医師
pilot
パイロット

zahradník
庭師

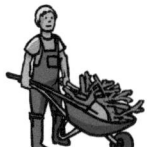

truhlář
大工

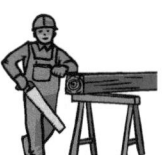

švadlena
お針子

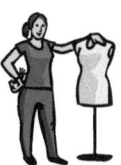

soudce
裁判官

chemik
化学者

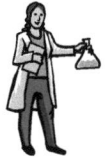

herec
俳優

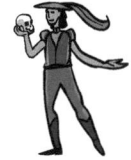

řidič autobusu

バスの運転手

řidič taxi

タクシー運転手

rybář

漁師

uklízečka

掃除婦

pokrývač

屋根ふき職人

číšník

ウェイター

myslivec

ハンター

malíř

塗装工

pekař

パン屋

elektrikář

電気工

stavební dělník

建設作業員

inženýr

エンジニア

řezník

肉屋

klempíř

配管工

listonoš

郵便配達人

voják

軍人

architekt

建築家

pokladní

レジ係

florista

花屋

kadeřník

美容師

průvodčí

車掌

mechanik

機械工

kapitán

キャプテン

zubař

歯科医

vědec

科学者

rabín

ラビ

imám

イスラム導師

mnich

修道士

duchovní

牧師

nářadí
道具

kladivo
ハンマー
kleště
くぎ抜き
šroubovák
ドライバー
kapesní svítilna
懐中電灯
klíč
スパナ

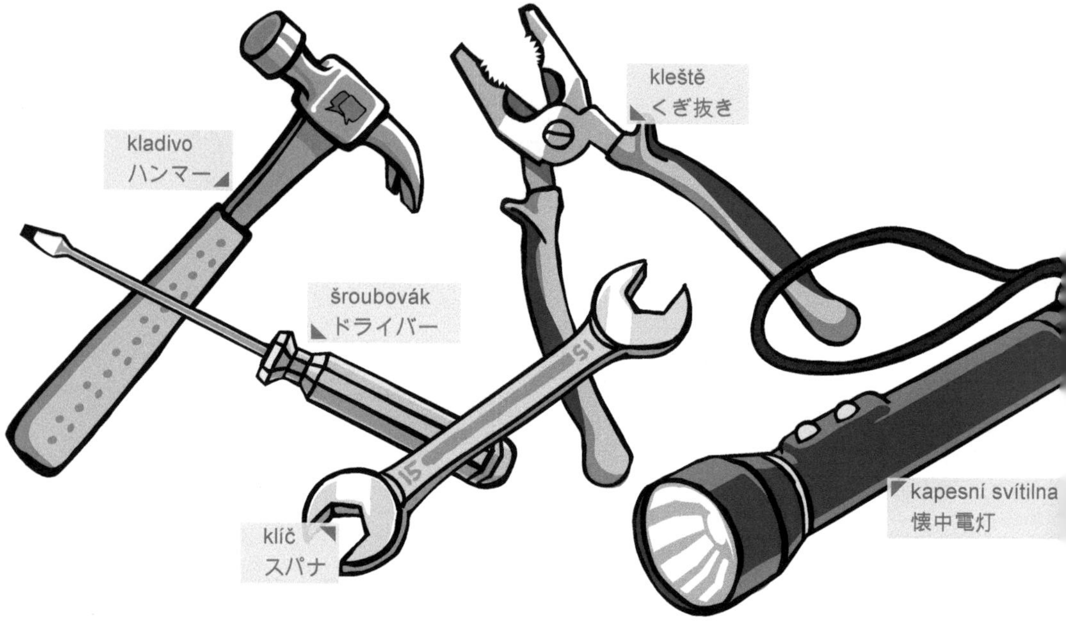

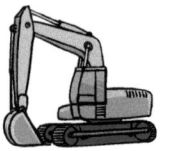

bagr
掘削機

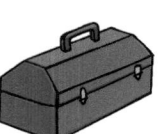

skříň na nářadí
道具箱

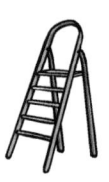

žebřík
はしご

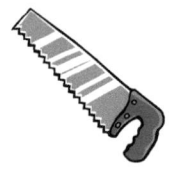

pila
のこぎり

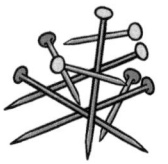

hřebíky
釘

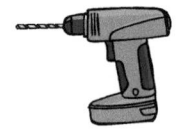

vrtačka
ドリル

opravit
修理する

lopata
シャベル

Kurva!
クソ！

lopatka
ちりとり

vědroé na barvu
ペンキ缶

šrouby
ネジ

hudební nástroje
楽器

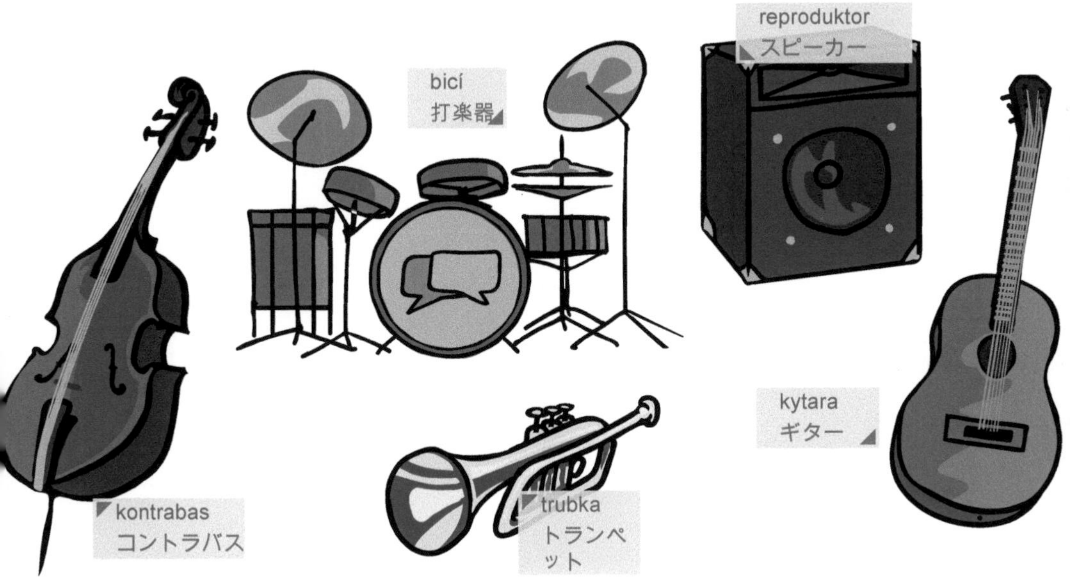

bicí
打楽器

reproduktor
スピーカー

kytara
ギター

kontrabas
コントラバス

trubka
トランペット

klavír

ピアノ

housle

バイオリン

basa

バス

tympán

ティンパニ

bubny

ドラム

keyboard

キーボード

saxofon

サックス

flétna

フルート

mikrofon

マイクロフォン

tygr
虎

klec
おり

zebra
シマウマ

krmivo pro zvířata
飼料

vstup
入口

panda
パンダ

zvířata

動物

slon

象

klokan

カンガルー

nosorožec

サイ

gorila

ゴリラ

medvěd

熊

velbloud

ラクダ

pštros

ダチョウ

lev

ライオン

opice

猿

plameňák

フラミンゴ

papoušek

オウム

lední medvěd

白クマ

tučňák

ペンギン

žralok

サメ

páv

クジャク

had

蛇

krokodýl

ワニ

ošetřovatel zvířat

飼育係

tuleň

アザラシ

jaguár

ジャガー

poník
ポニー

leopard
ヒョウ

hroch
カバ

žirafa
キリン

orel
鷲

divoké prase
雄豚

ryby
魚

želva
亀

mrož
セイウチ

liška
狐

gazela
ガゼル

americký fotbal
アメフト

cyklistika
サイクリング

tenis
テニス

košíková
バスケット
ボール

plavání
水泳

box
ボクシン
グ

lední hokej
アイスホッケー

kopaná
サッカー

badminton
バドミントン

lehká atletika
陸上競技

házená
ハンドボール

běh na lyžích
スキー

vodní pólo
ポロ

skočit
跳ぶ

smát se
笑う

objímat
抱きしめる

jít
歩く

zpívat
歌う

snít
夢見る

modlit se
祈る

políbit
キス

psát
書く

kreslit
描く

ukazovat
示す

tlačit
押す

dát
与える

vzít si
取る

mít
持っている

dělat
する

být
ある

stát
立つ

běhat
走る

táhnout
引く

hodit
投げる

padat
落ちる

ležet
横たわっている

čekat
待つ

nosit
運ぶ

sedět
座る

oblékat
着る

spát
眠る

vzbudit se
目が覚める

prohlédnout si

見る

plakat

泣く

pohladit

なでる

česat

櫛ですく

hovořit

話す

rozumět

理解する

ptát se

質問する

slyšet

聞く

pít

飲む

jíst

食べる

uklidit

片づける

milovat

愛する

vařit

料理する

jet

運転する

letět

飛ぶ

plachtit

ヨットに乗る

počítat

計算する

číst

読む

učit se

学ぶ

pracovat

働く

vzít si

結婚する

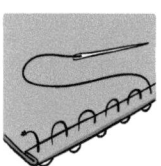

šít

縫う

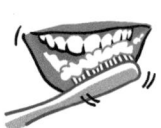

čistit si zuby

歯を磨く

zabít

殺す

kouřit

喫煙する

poslat

送る

babička
祖母

dědeček
祖父

otec
父

matka
母

dítě
赤ん坊

dcera
娘

syn
息子

host
お客様

teta
おば

strýc
おじ

bratr
兄弟

sestra
姉妹

tělo
体

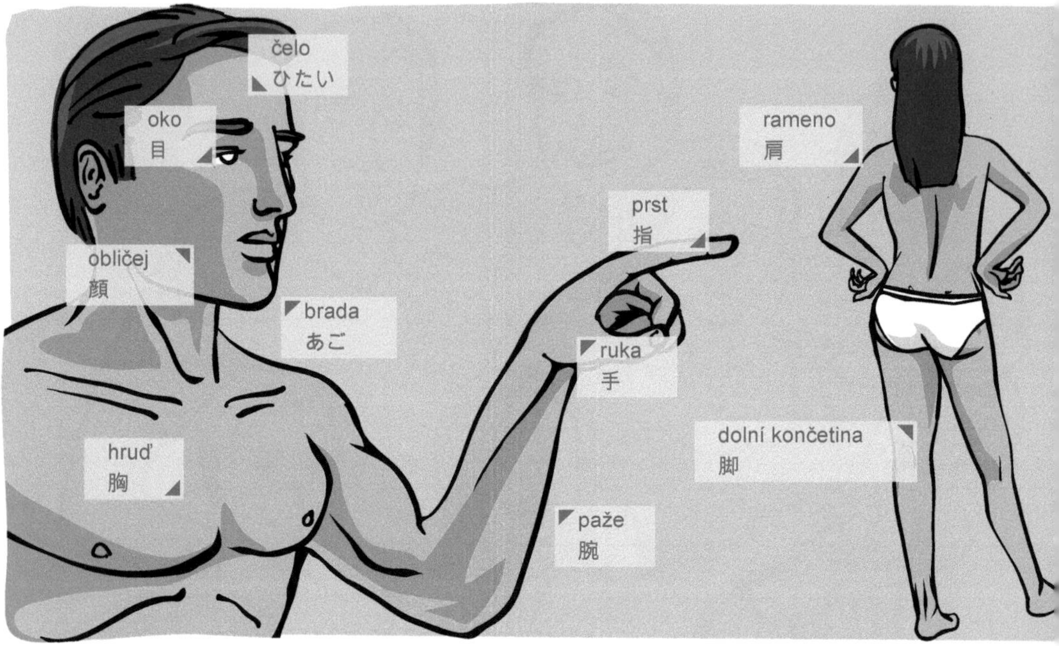

čelo
ひたい

oko
目

rameno
肩

prst
指

obličej
顔

brada
あご

ruka
手

hruď
胸

dolní končetina
脚

paže
腕

dítě
赤ん坊

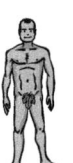

muž
男性

žena
女性

dívka
少女

chlapec
少年

hlava
頭

záda

背中

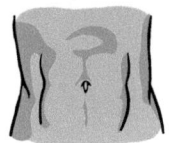

břicho

腹

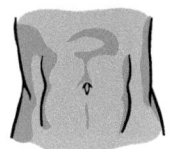

pupík

へそ

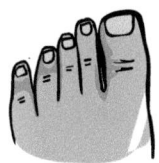

prst na noze

足指

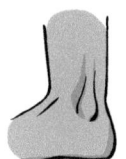

pata

かかと

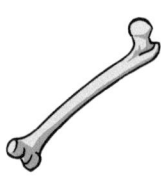

kost

骨

bok

腰

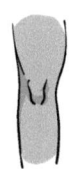

koleno

ひざ

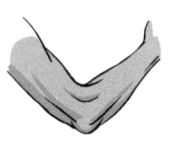

loket

ひじ

nos

鼻

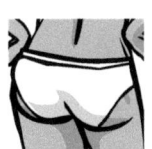

zadek

尻

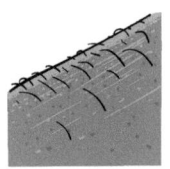

kůže

皮膚

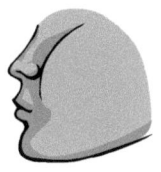

tvář

頬

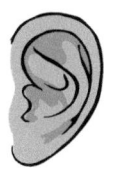

ucho

耳

ret

唇

ústa
口

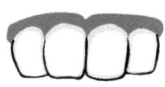

zub
歯

jazyk
舌

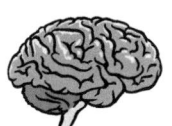

mozek
脳

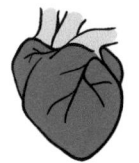

srdce
心臓

sval
筋肉

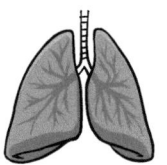

plíce
肺

játra
肝臓

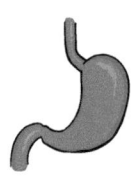

žaludek
胃

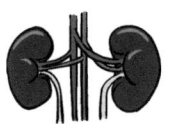

ledviny
腎臓

pohlavní styk
セックス

kondom
コンドーム

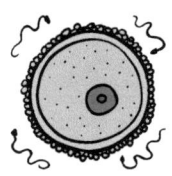

vajíčko
卵細胞

sperma
精液

těhotenství
妊娠

tělo - 体

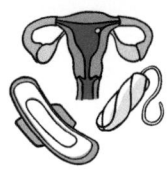

menstruace

月経

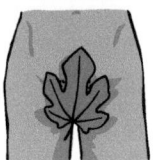

vagina

膣

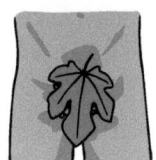

penis

ペニス

obočí

眉

vlasy

髪

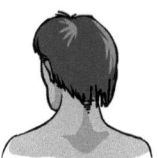

krk

首

nemocnice

病院

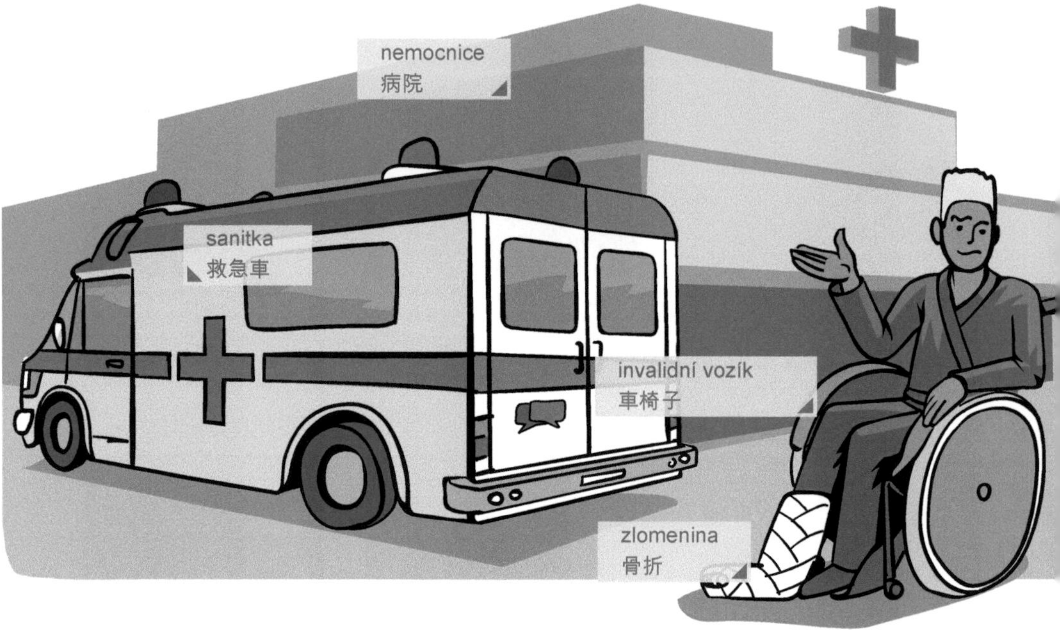

nemocnice
病院
sanitka
救急車
invalidní vozík
車椅子
zlomenina
骨折

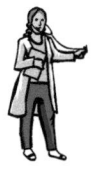

lékař

医師

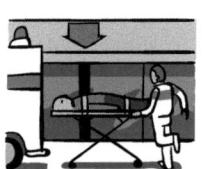

pohotovost

救急治療室

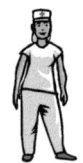

zdravotní sestra

看護師

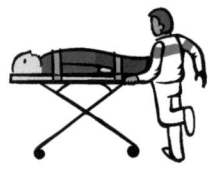

urgentní případ

救急

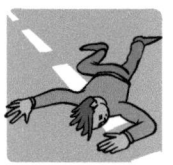

v bezvědomí

失神

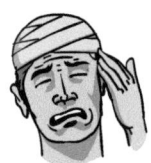

bolest

痛み

úraz

けが

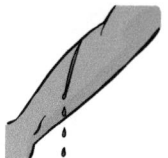

krvácení

出血

infarkt myokardu

心臓発作

cévní mozková příhoda

脳卒中

alergie

アレルギー

kašel

咳

horečka

熱

chřipka

インフルエンザ

průjem

下痢

bolest hlavy

頭痛

rakovina

癌

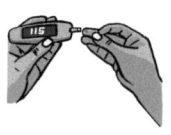

cukrovka

糖尿病

chirurg

外科医

skalpel

外科用メス

operace

手術

CT
CT

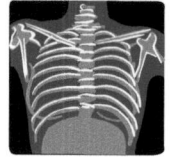

rentgen
レントゲン

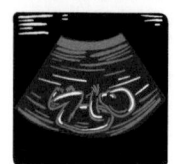

ultrazvuk
超音波

maska
マスク

nemoc
病気

čekárna
待合室

berle
松葉づえ

náplast
ばんそうこう

obvaz
包帯

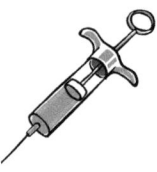

injekce
注射

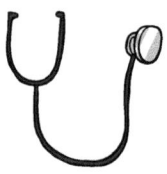

stetoskop
聴診器

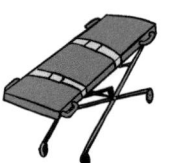

nosítka
担架

teploměr
体温計

porod
出産

nadváha
肥満

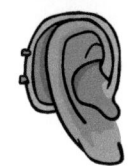

naslouchátko

補聴器

dezinfekční prostředek

消毒剤

infekce

感染

virus

ウイルス

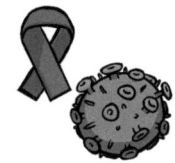

HIV / AIDS

HIV / エイズ

lékařství

内服薬

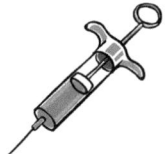

očkování

予防接種

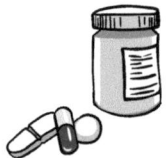

tablety

錠剤

pilulka

ピル

tísňové volání

緊急電話

tonometr

血圧計

nemocný / zdravý

病気の / 健康な

Pomoc!

助けて！

poplach

アラーム

přepadení

暴行

napadení

攻撃

nebezpečí

危険

nouzový východ

非常口

Hoří!

火事だ！

hasicí přístroj

消火器

nehoda

事故

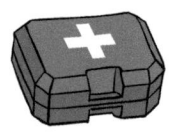

zdravotnická brašna

救急箱

SOS

SOS

policie

警察

Evropa

ヨーロッパ

Severní Amerika

北米

Jižní Amerika

南米

Afrika

アフリカ

Asie

アジア

Austrálie

オーストラリア

Atlantik

大西洋

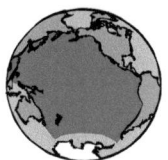

Pacifik

太平洋

Indický oceán

インド洋

Jižní ledový oceán

南極海

Severní ledový oceán

北極海

severní pól

北極

jižní pól

南極

Antarktida

南極大陸

země

地球

pevnina

陸

moře

海

ostrov

島

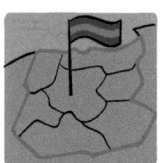

národ

国家

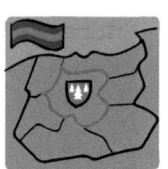

stát

国家

ciferník

文字盤

hodinová ručička

短針

minutová ručička

長針

vteřinová ručička

秒針

Kolik je hodin?

何時ですか？

den

日

čas

時間

teď

現在

digitální hodinky

デジタル時計

minuta

分

hodina

時間

týden
週

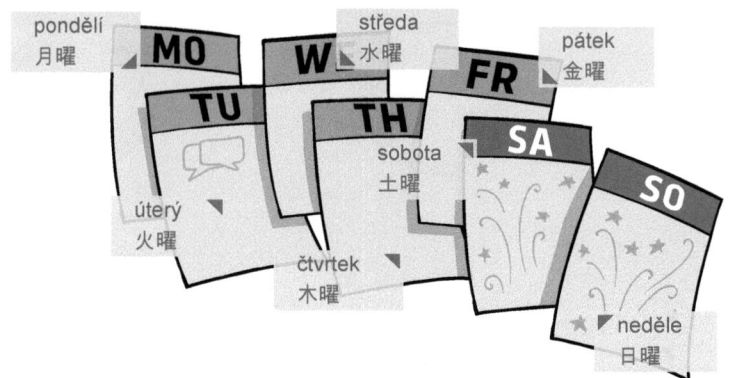

pondělí 月曜
MO
středa 水曜
W
pátek 金曜
FR
TU
TH
SA
SO
úterý 火曜
sobota 土曜
čtvrtek 木曜
neděle 日曜

včera

昨日

dnes

今日

zítra

明日

ráno

朝

poledne

昼

večer

夜

MO	TU	WE	TH	FR	SA	SU
1	2	3	4	5	6	7
8	9	10	11	12	13	14
15	16	17	18	19	20	21
22	23	24	25	26	27	28
29	30	31	1	2	3	4

pracovní dny

営業日

MO	TU	WE	TH	FR	SA	SU
1	2	3	4	5	6	7
8	9	10	11	12	13	14
15	16	17	18	19	20	21
22	23	24	25	26	27	28
29	30	31	1	2	3	4

víkend

週末

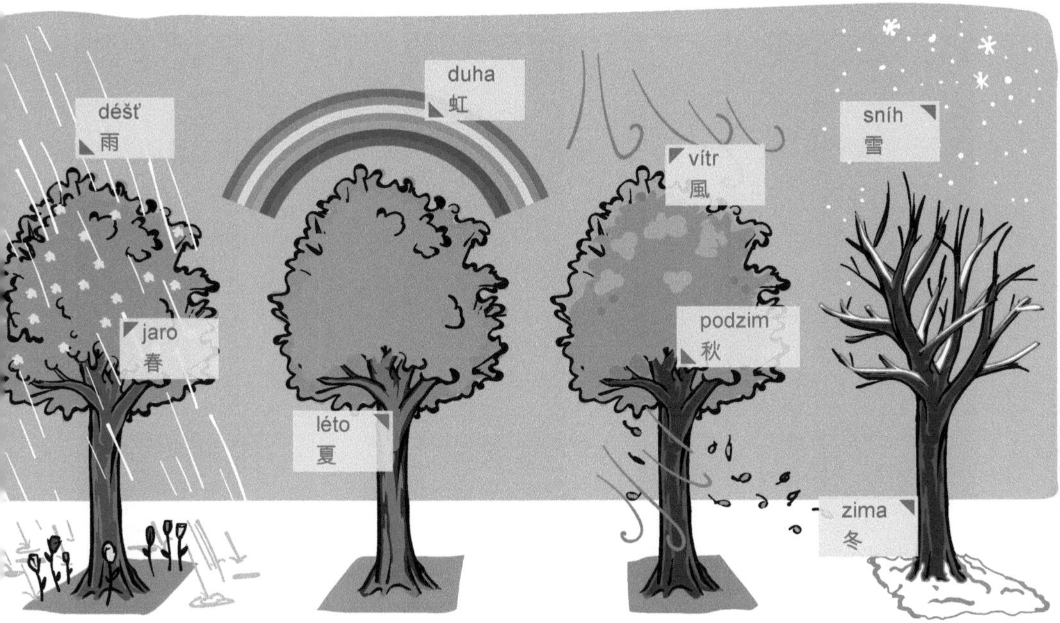

déšť
雨

duha
虹

vítr
風

sníh
雪

jaro
春

léto
夏

podzim
秋

zima
冬

předpověď počasí

天気予報

teploměr

温度計

sluneční svit

日差し

mrak

雲

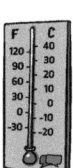

mlha

霧

vlhkost

湿度

blesk

雷

hrom

雷

bouřka

嵐

kroupy

ひょう

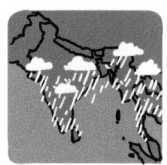

monzun

季節風

povodeň

洪水

led

氷

leden

1月

únor

2月

březen

3月

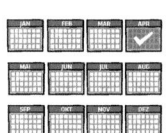

duben

4月

květen

5月

červen

6月

červenec

7月

srpen

8月

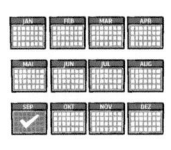

září
....
9月

říjen
....
10月

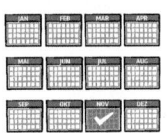

listopad
....
11月

prosinec
....
12月

tvary

形

kruh
....
円

čtverec
....
正方形

obdélník
....
長方形

trojúhelník
....
三角

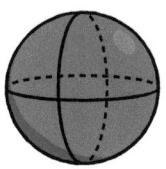

koule
....
球

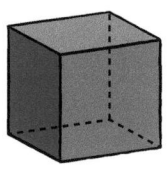

krychle
....
立方体

bílá

白

žlutá

黄

oranžová

オレンジ

růžová

ピンク

červená

赤

fialová

紫

modrá

青

zelená

緑

hnědá

茶

šedá

灰色

černá

黒

hodně / málo

多い / 少ない

rozzuřený / mírumilovný

怒っている /
落ち着いている

krásný / ošklivý

美しい / 醜い

začátek / konec

初め / 終わり

velký / malý

大きい / 小さい

světlý / tmavý

明るい / 暗い

bratr / sestra

兄弟 / 姉妹

čistý / špinavý

清潔な / 汚い

úplný / neúplný

完全な / 不完全な

den / noc

日中 / 夜

mrtvý / živý

死んだ / 生きている

široký / úzký

幅広い / 狭い

jedlý / nejedlý

食べられる　/
食べられない

zlý / hodný

悪意のある　/　親切な

vzrušený / znuděný

興奮している　/
退屈している

tlustý / hubený

太った　/　痩せた

nejdříve / naposledy

最初に　/　最後に

přítel / nepřítel

友人　/　敵

plný / prázdný

いっぱいの　/　空の

tvrdý / měkký

硬い　/　柔らかい

těžký / lehký

重い　/　軽い

hlad / žízeň

空腹　/　喉の渇き

nemocný / zdravý

病気の　/　健康な

ilegální / legální

違法な　/　合法な

inteligentní / hloupý

賢い　/　愚かな

vlevo / vpravo

左に　/　右に

blízko / daleko

近い　/　遠い

nový / použitý

新しい / 中古の

nic / něco

何もない / 何かある

starý / mladý

老いた / 若い

zapnutý / vypnutý

オン / オフ

otevřeno / zavřeno

開いている /
閉まっている

tichý / hlasitý

静かな / うるさい

bohatý / chudý

裕福な / 貧乏な

správný / špatný

正しい / 間違っている

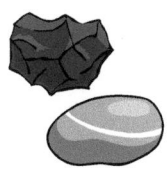

drsný / hladký

粗い / なめらか

smutný / šťastný

悲しい / 幸せな

krátký / dlouhý

短い / 長い

pomalý / rychlý

ゆっくり / 速い

vlhký / suchý

濡れた / 乾いた

teplý / chladný

温かい / 冷たい

válka / mír

戦争 / 平和

0

nula

ゼロ

1

jedna

1

2

dva

2

3

tři

3

4

čtyři

4

5

pět

5

6

šest

6

7

sedm

7

8

osm

8

9

devět

9

10

deset

10

11

jedenáct

11

12

dvanáct

12

13

třináct

13

14

čtrnáct

14

15

patnáct

15

16

šestnáct

16

17

sedmnáct

17

18

osmnáct

18

19

devatenáct

19

20

dvacet

20

100

sto

100

1.000

tisíc

1000

1.000.000

milion

100万

angličtina

英語

americká angličtina

アメリカ英語

standardní čínština

中国標準語

hindština

ヒンディー語

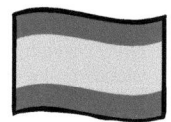

španělština

スペイン語

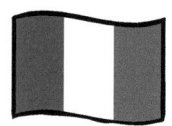

francouzština

フランス語

arabština

アラビア語

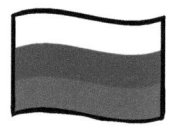

ruština

ロシア語

portugalština

ポルトガル語

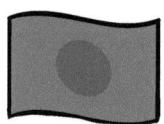

bengálština

ベンガル語

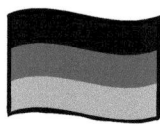

němčina

ドイツ語

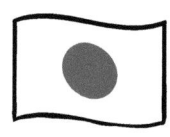

japonština

日本語

já

私

ty

あなた

on / ona / ono

彼 / 彼女 / それ

my

私たち

vy

あなたたち

oni

彼ら

Kdo?

誰？

Co?

何？

Jak?

どうやって？

Kde?

どこ？

Kdy?

いつ？

jméno

名前

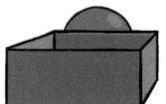

za

後ろ

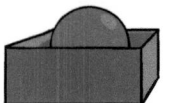

do

中

z

前

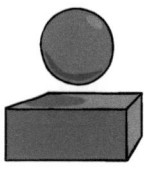

nad

上

na

上

mezi

下

vedle

横

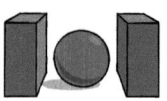

mezi

間

místo

場所